AF209252

Lobgesänge 2023

Frieder Löhrer

Bibliografische Information der Deutschen Nationalbibliothek:
Die Deutsche Nationalbibliothek verzeichnet diese Publikation
in der Deutschen Nationalbibliografie; detaillierte
bibliografische Daten sind im Internet über http://dnb.dnb.de
abrufbar.

© 2022 Frieder Löhrer

Herstellung und Verlag: BoD – Books on Demand,
Norderstedt

ISBN: 978-3-7568-7973-1

VORWORT

Welch einen Segen ich erfahren durfte.

Inzwischen das dritte Jahr nach meiner Krise. Inzwischen zwei große Wanderungen abgeschlossen, nach Santiago und Jerusalem. Ja, ich traf wieder meinen Bruder und Rabbi Yuval Lapide, ein feuriger Mensch, beseelt vom Wirken Gottes.

Er begleitet intensiv und unermüdlich seine Schüler, besonders in diesem Jahr des 100. Geburtstages seines Vaters Pinchas Lapide sel. Immer mit brennenden Auslegungen zu den Wurzeln aus jüdischem Verständnis.

Lobgesänge zu sprechen und zu singen, aus der Situation, an dem Ort, vor dem Menschen, vor unserem G'tt

Dieser Impuls ist für mich nun Aufgabe: das Festhalten von Gedanken, die aus mir kommen, um sie in Lobgesängen niederzuschreiben.

Meine Vorstellung hat sich gefestigt, jedes Jahr einen Band mit 12 Lobgesängen zu erstellen.

Dies ist der dritte Band. Ob es mir vergönnt sein wird, für die kommenden 22 Jahre dies weiter umsetzen zu dürfen? Auch dieser Einband soll eine Teilfarbe des Regenbogens repräsentieren. In Summe wird er dann vielleicht vor uns stehen. Sichtbar als Zeichen des Bundes.

Möge mir dies vergönnt sein. Zur höheren Ehre Adonais.

Auf dieses Jahr folgt auf jeden Lobgesang eine freie Seite für Deine Notizen. Hier kannst Du Deine eigenen Erlebnisse nach dem Impuls im Laufe des Monats oder auch später festhalten. Was Du als Sentiments empfindest, welche Assoziationen ausgelöst wurden, welche Reflexionen aus einem Gespräch sich ergaben oder auch welches weitere Sinnen mit Deinen Sinnen Du erlebt hast.

So wird auch der Lobgesang 2023 am Ende des Jahres Dein Lobgesang sein. So soll und wird es sein.

LOBGESANG 1

Der Chorleiter hebt an, leise murmelnd,
der Chor zusprechend zueinander,
die Streicher schwebend hörbar.

In dem Tal zwischen den Bergen,
die große Hochebene zwischen den Bergrücken,
gefühltes Leben mit Salz.
Wasser in großen Mengen
und trotzdem salzig
und nicht trinkbar.
Leben in seiner Vielfalt sichtbar,
Schafe weiden überall.
Salzlecken tut ihnen gut.
An den Hängen die schönen Wälder,
an den Übergängen die Felder,
und in der Ebene das Gras.
Alles ist gut.
Wir müssen es als Ganzes wahrnehmen.
DU bist nicht vielfältig,
sondern die Welt, wie wir sie erleben.
Dank sei DIR Adonai,
Schöpfer DEINER Geschöpfe.

Dein Sentiment, Deine Assoziation, Deine Reflexion, Dein Sinnen:

LOBGESANG 2

Der Chormeister hebt an, singend für sich,
die Pauken wirbeln kaum hörbar, die Bläser säuseln leise
der Chor hörbar zueinander vokalisierend murmeln.

DEIN Donnern ruft tosend durch mich hindurch, tremoliert
in mir,
DEIN Blitzen durchleuchtet mein Herz und meine Seele.
Durchdrungen bin ich durch und durch.
Meine Außenwahrnehmung ist die Ruhe.
Wahrgenommen werde ich als still.
Nicht auf dieser Welt.
Verwirrt und irritierend.
In der Brust der Sturm, der Braus.
Ruach ruft mich wach jeden Morgen hinaus,
zu atmen, zu beten, zu strahlen, zu leuchten.
Zu sein im Hier und Jetzt.
Mit mir bist DU.
DEINE Ruhe strahlt aus.
Orientierungslos, desorientiert, desinteressiert.
DU bist in mir.
Ein mächtiger, DU allein stehst mir nicht nur bei.
DU bist nicht nur bei, DU bist in.
DIR sei Dank, DIR sei Lob, DIR sei Ehr' für diese lange Zeit
der Erdenreise.
Nicht nur Dank, Ehr' und Freude,
Ganz und Heil DEIN.
Zuversicht, Zuverlaut, Zuverrührt.

In DIR ruht mein Herz. In DIR allein ruht Ruth. Und Ruthens Brut.

Stehe mir bei, stehe zu mir, stehe in mir.

Aufrecht folge ich DIR.

Amen.

Lobgesang zu Ehren von Ruth Lapide

Dein Sentiment, Deine Assoziation, Deine Reflexion, Dein Sinnen:

LOBGESANG 3

Der Wortmeister hebt an, laut sprechend,
der Chor singt frühlingshaft,
die Holzbläser tirilieren miteinander.

Kennst du die Wandelzeit, die Puppenzeit,
wo all die Fragen kreisen?
Wo sie auf und ab, in Ja und Nein sich drehen, schweben?
Wo nur ein Platz zum Zu und Weiterso,
zum Gegen und Anderswo, nicht in den Mittelraum
schauen?
Schweres Ringen, unsicheres Dringen, Drängen nach
Selbstwerden.
Trennen von der Schnur, die vor über einem Jahrzehnt doch
durchgetrennt.
Selbstwerden durch Stören und Niederreißen,
durch Bauen und Aufrichten.
Jeden Tag eine Runde, um Zu oder Gegen.
Lösend, trennend, loslassend, weiterrennend,
sinnend los, suchend fest, angebunden, fragend, rätselnd,
kreisend.
Kopf, Nase, Ohren wachsen,
Hormone durchrauschen und treiben,
ringend mit dem Wachsen, dem Schießen,
den Regeln, der Regel, den Wellen, den Schüben,
dem Verpuppen, dem nach Innen Tauchen, dem erneuten
Auftauchen,
dem Schlüpfen, dem Herausbrechen, dem Erwachsensein.
Wechselbad von Tag zu Tag,

Rückfall, Vorfall, Umfall, Hinfall,
Auffallend wandelnd gewandelt.
Da bin ich.
Ich bin da.
Da, da, da.
Ich, ich, ich.
Bin, bin, bin.
Dennoch auf der Reise ins gelobte Land.
Anders hören, anders sehen, anders fühlen.
Anders fahren, anders erfahren, anders einfahren.
Neue Gier, neue Lust, neuer Trieb.
Ich komme, Yerushalayim.
Adonai, zu DIR.
.

Dein Sentiment, Deine Assoziation, Deine Reflexion, Dein Sinnen:

LOBGESANG 4

Der Klangmeister hebt an, deklamierend,
der Chor deklamiert miteinander,
die Streicher hörbar schwebend,
die Blechbläser Fanfaren stoßend.

Adonai,
über der eisigen Schneefläche,
da liegt der Nebel.
Frostig ist Erde und Luft.
Gefroren, reglos, unbewegt.
Ein Sonnenstrahl kämpft sich durch.
Tut er sich schwer?
Tun wir uns schwer?
Wer traut sich mehr zu?
Der Nebel kämpft;
verlorener Einsatz.
Der Schnee wehrt sich;
vergebener Einsatz.
Bewegung kommt auf,
Regung macht sich breit,
Tauend öffnet sich die Welt, das Auge, die Sinne, das Herz.
Dank DIR Adonai für das Leben.
Dank DIR Adonai für die Freiheit.
Dank DIR Herr für die Chance zu vertrauen,
dass DU der sein wirst, der DU da sein wirst,
wir DEIN Volk.
Immerdar.
Amen!

Dein Sentiment, Deine Assoziation, Deine Reflexion, Dein Sinnen:

LOBGESANG 5

Der Klangleiter hebt an, jauchzend,
der Chor singend voll Freude,
die Streiche hörbar jubelnd.
Schlagwerk festlich freudig feiernd.

Die Sonne strahlt mir mächtig entgegen,
kraftvoll, lebenspendend,
über das nasse kleine Rinnsal,
den Pfad, wo das Laub wässrig glitzert und leuchtet,
ein Leitstrahl auf die Sonne zu.
Ich komme in den überwachsenen Tunnel,
wo die Sonne sich durch den Blätterwald einen Weg bahnt.
Verdorrte Äste hängen hinunter,
sind umsäumt von in sattem Grün Stehendem.
Die Sonne schafft es durch das dichte Dach hier und da
Lichtflecken zu positionieren.
Dem HERRN sei Dank,
für diesen Strahler,
der uns leuchtet und wärmt.
Der Weg ist wie ein Schutz,
ich ahne, was draußen ist,
und gehe ohne Druck und Anspannung
durch diesen Kanal zur neuen Tagesgeburt.
DU hast mir mein Leben eingehaucht.
Freude und Strahlen darf ich empfangen
und weiterstrahlen und weiterreichen.
DEIN Geschenk.
DIR sei allezeit Dank.

Dein Sentiment, Deine Assoziation, Deine Reflexion, Dein Sinnen:

LOBGESANG 6

Der Chormeister hebt an, flüsternd für sich,
der Chor murmelt durcheinander,
die Holzbläser, säuselnd hörbar.

Suchende, Adonai, hat es immer gegeben.
Suchen nach Antworten.
Suchen nach Nähe.
Suchen nach Fragen,
Suchen nach Wahrheit,
Suchen nach Wozu,
Woher wir kommen,
Was unser Lebenszweck und Lebenssinn.
Antworten?
Finden wir die immer?
Bekommen wir die richtigen Antworten?
Auf was und auf wen wir uns einlassen,
ist unsere größte Herausforderung auf dieser Erde.
Behütet sein, beschützt sein,
in guten Händen.
Das wünsche ich mir,
für uns und alle.
Hilf uns auf diesem Weg zu DIR.
Bitte ich für uns alle.
Hilf uns auf diesem Weg zu DIR,
DU, unser Adonai.

Dein Sentiment, Deine Assoziation, Deine Reflexion, Dein Sinnen:

LOBGESANG 7

Der Chorleiter hebt an, führt flüsternd,
der Chor spricht je einzeln für sich,
die Blechbläser hauchen hörbar laut.

Die heutige Ruhe nach dem gestrigen Sturm ist ein Segen.
Irgendwie fühle ich mich, wie auf dem Weg nach Hause,
weg vom Schlachtfeld,
langsam,
zu mir kommend,
Ruhe findend.
Gestern brauste es um mich,
laut und stark.
Und jetzt kann ich Vögel hören,
und das Schleifen meiner Schuhe durch das nasse Gras.
Die Sonne ist noch flach,
zeigt genau mit ihrem Strahl,
über den äußerst schmalen Pfad,
der im nassen Laub glänzt,
mir den Weg.
Ist das schön.
So herzt DEINE Schöpfung mich.
Dank hüpft das Herz.
Demut vor DIR, Freude mit DIR.
Sei umschlungen, der DU uns hältst.

Dein Sentiment, Deine Assoziation, Deine Reflexion, Dein Sinnen:

LOBGESANG 8

Der Chorleiter hebt an, führt singend,
die Frauen singen hörbar,
die Streicher schweben gleichmäßig.

Kennst du das Land, wo die Kartofl, Wein, Paprika,
die Peperoni, Knoblauch, Honigjoghurt,
der Raki, Taki, Syr tanzen?
Wo Geschmäcker und Düfte durch deinen Kopf rauschen,
die Nase, die Zunge, der Gaumen schwirren,
des Herz, die Lunge, der Körper schwingt?
Wo Freude sich einnistet?
In dem Kopf, die Insel der Erinnerung,
mit Weite und Breite, Höhen und Tiefen, Bergen und
Tälern,
bunt, froh, farbig,
beseelt, beglückt, begeistet.
Du nimmst es mit auf deine weite Reise,
in das Land, wo die Blumen blühen und welken,
werden und vergehen, im Lebensrhythmus Freude
schenken.
Freue dich Seele, Geist und lache, strahle über alle Backen
es aus.
Prustend, jauchzend, schluchzend,
schwimmen im großen Bad der gefröhlichten Sünden.
Leben ist Reisen in den Frieden der Seligkeit,
Reden ist Teilen aus der Freude des Gesamten,
Nehmen ist geben, aus den genommenen Geschenken,
angenommen zum Geben, zum Teilen, zum Freuen.

Aus tiefer Lebensfreude singen wir Dank.

DIR wird unser Dank gesungen.

Sei DU bei uns, Elohim.

Amen.

Dein Sentiment, Deine Assoziation, Deine Reflexion, Dein Sinnen:

LOBGESANG 9

Der Chormeister hebt an, singend,
der Chor hörbar laut summend,
das Orchester gerade hörbar laut.

Ich steh an DEINER Mauer hier,
dem Fundament, mein Leben.
Empfange Kraft und Schöpfung mir,
zum Dank darf Lob ich geben.
Nimm an, mein Sinnen, Tun und Wort,
schenk Ruhe, Ruhen, immerfort,
und still' mich DU mein Frieden.

DU hast mir diesen Weg gegönnt,
geschützt und eng begleitet.
Gekommen bin ich an dies Ziel,
mein Dank sich vor DIR breitet.
Es ist erlaubter Zwischenhalt,
von dort der Pfad fort führet bald
durch heilen Menschenwalde.

Gesehen und gefühlt die Wand,
sie harrt auf neue Hände.
Mein Weg führt fort und weit ins Land,
mach' Platz für neue Fremde.
Sie steh'n an Deiner Mauer hier.
Dem Fundament, der Nähe DIR.
Ich trag Dein Licht nun weiter.

Mein Dank den trage ich vor DIR,
das Lob, den Preis, das Amen.
Das Lob, das sing ich laut vor DIR,
zum Dank darf ich's DIR geben.
Empfang mein Lied, mein Lob und Preis,
Für DEINE Lieb, Barmherzigkeit,
mein Hort und Heil, DU Gnade.

Dein Sentiment, Deine Assoziation, Deine Reflexion, Dein Sinnen:

LOBGESANG 10

Der Chormeister hebt an,
der Chor singt freudig laut,
das Orchester erstrahlt.

Die Ernte ist eingefahren
Durch vieler Hände Arbeit.
Menschen arbeiten in DEINEM Weinberg, in DEINEM
Olivenhain, in DEINER Welt.
Wir beackern und rackern an vielen Stellen.
Den auf dem Feld arbeitenden verdanken wir unser Brot.
Täglich hast DU es uns zugesagt.
Ausreichend für alle und uns.
Teilen wir gerecht?
Respektieren wir DEIN tägliches Geschenk?
Ahnen wir von DEINER Liebe überall?
Welcher Kraft ordnen wir dieses tägliche Gut zu?
Ob die Saat aufgeht,
wie die Saat aufgeht,
wie gut die Saat aufgeht,
liegt in DEINER Hand.
Wie in den Händen derer, die um die Ernte ringen.
Halte sie, ich bitte DICH, Adonai.
Ich bitte darum, dass wir alle DIR unsere Dankbarkeit
wieder und wieder aus tiefem Herzen vortragen.
Ein Danklied sei DIR als lauter Freudenschall gesungen,
jauchzend und strahlend.
Dank sei DIR aus allen Kehlen gesungen.
Dank DIR EINZIGER.

Dein Sentiment, Deine Assoziation, Deine Reflexion, Dein Sinnen:

LOBGESANG 11

Der Chorleiter hebt an, still murmelnd,
der Chor murmelnd miteinander,
Streicher, Holzbläser, Blechbläser,
Schlagwerk leise raschelnd unüberhörbar.

Ein Blatt fällt von dem Baum.
Wer hat hier losgelassen?
Das Blatt?
Der Baum?
Die schwindenden Kräfte?
Oder war es weniger ein Loslassen als DEIN Ruf
an den Baum, an das Blatt, an die Seele von Baum und Blatt?
Wann ist es Zeit zu gehen?
Wann ist die Zeit loszulassen?
Egal, auf welcher Seite der Verwurzelung und Nahtstelle
DU uns hältst.
Ruhe finden.
Auf dem Weg in die Ewigkeit ist auch Ruhe geben,
für diesen Weg
ohne Kampf,
ohne Anstrengung
und große Erwartung.
Das Leben endet nicht dramatisch und traurig.
Es geht einen Weg über eine Brücke oder durch DEINEN
Tunnel,
aber einen Übergang.
Neues Werden.
Akt der Schöpfung.

Auch hier.

Auf DICH vertraue ich.

Auf DICH lasse ich mich ganz ein.

Ruhen in DEINER Gänze!

Amen!

Dein Sentiment, Deine Assoziation, Deine Reflexion, Dein Sinnen:

LOBGESANG 12

Der Wortleiter hebt an, leise singend,
der Chor zurufend leise,
die Streicher und Holzbläser leise hauchend.

Kennst Du den kleinen Ewigkeitsaugenzwinker,
wo Du das Gefühl des Ganz und Fertig spürst,
wo alles Platz genommen und ruht,
das Stillleben den Schlussstein setzt,
das vollbracht uns vorschwebt,
und doch der Übergang zu weiterem Werden,
neue Schöpfung, neue Befreiung, neues Ziel,
neue Aufgabe, neuer Weg, neue Gabe,
im Ewigkeitszwinker bereits vergeht;
verblüht, sich wandelt.
Hier halt ich inne, still, haltend den Hauch,
danksagen den Helfern und Leitern, Begleitern,
insbesondere meinem Herzchen,
den vielen Teeanbietern, Brotschenkern, Lächelgebern,
den ratenden, warnenden, aufmunternden Stimmen,
den interessierten Fragern, Zuhörern, Staunern,
den Hilfe bietenden, sprachreichen, wortreichen,
handgewaltigen, zupackenden Menschen,
alle Schwestern und Brüder.
Nächstenliebe in Wort und besonders in Tat,
Gedanken schwebten in den Höhen,
ruhen um mir auf ihren angestammten Sitzen.
Ich schaue auf dieses Lebenstheater,
geschrieben, gelaufen, gelebt für ein halbes Jahr.

G'tt sei Dank! ER leitete und begleitete,
auch wenn ich eigene Wege ging,
ließ mich nicht allein, stand bei,
war mit und in, nicht nur nah,
ganz nah, haltend, schützend, stärkend.
In diesem Vertrauen löst sich der Ewigkeitsaugenblick,
nach vorn richtet sich die Schau der Augen,
das Lauschen der Ohren,
das Empfinden der Sinne.
In mir bleibt die Erinnerung des gegönnten Blickes,
wie Mosche vom Nebo.
Nur kurz ist es vollbracht,
vollendet ist es nie,
mit meinem Ende ist nicht alles fertig,
unvollendet bleibt es.
Für mich und jede, jeden
Bis zum achten Tag,
für alle Schwestern und Brüder
im Himmlischen Jerusalem.
Da geht die Reise hin.
Auf, lass' uns weiterziehen.
Dank sei DIR Adonai gesungen.
Dank DIR Unermesslicher, Ungreifbarer,
DU Uns-Beschenker,
EWIGER, EINZIGER.
Amen.

Dein Sentiment, Deine Assoziation, Deine Reflexion, Dein Sinnen: